Warum die C-Lizenz keine guten Trainer macht

Performance Coaching

herausgegeben von

Oliver Braun

Band 1

Band 1: Warum die C-Lizenz keine guten Trainer macht

Oliver Braun

Warum die C-Lizenz
keine guten Trainer macht

Argumente für mehr Performanzorientierung

der Trainerausbildung im Handballsport

Bibliografische Information der Deutschen Nationalbibliothek:
Die Deutsche Nationalbibliothek verzeichnet diese Publikation in der
Deutschen Nationalbibliografie; detaillierte bibliografische Daten sind im
Internet über http://dnb.dnb.de abrufbar.

Herstellung und Verlag: BoD – Books on Demand, Norderstedt

ISBN: 978-3-7494-9608-2

Zusammenfassung

14 Jahre nach Veröffentlichung der Rahmenrichtlinien (vgl. DSB 2005) ist die C-Lizenz-Ausbildung des Deutschen Handballbundes nicht mehr zeitgemäß:

- Die Kompetenzorientierung ist lückenhaft.

- Die Performanzorientierung ist mangelhaft.

- Die Wissensvermittlung wird überbetont.

Es wird daher empfohlen, die C-Lizenz-Ausbildung methodisch und didaktisch zu modernisieren.

Management Summary

14 years after publication of general guidelines (see DSB 2005), the C-license-qualification of the German Handball federation is no longer contemporary:

- The competency orientation is incomplete.

- The performance orientation ist insufficient.

- Knowledge transfer is overemphasized.

It is recommended to modernize the C-licence-qualification in its methodic and didactic approach.

Inhalt

1 Einleitung

Wer den Handballsport unterhalb professioneller Ligen mit offenen Augen betrachtet, erkennt unterschiedlich kompetente Trainer.

Danach gesucht, durch welche formellen Qualifikationen diese Unterschiede erklärbar sind, finden sich keine schlüssigen Antworten.

Natürlich ist das eine empirisch nicht belegte, subjektive Wahrnehmung.

Eine Wahrnehmung aber, die Fragen aufwarf.

Warum ist der Output der C-Lizenz-Ausbildung des Deutschen Handballbundes offenbar heterogen?

Gibt es Mindeststandards, die jeder C-Lizenz-Inhaber als Trainer im Handball erreicht? Falls ja, wie viele und welche? Oder garantiert eine erste Lizenzierung keine Mindestqualität? Was würde das für die Vereine bedeuten? Und welche Konsequenzen müsste der DHB daraus ziehen?

Auf der Suche nach Ursachen und Antworten ist dieser Text entstanden.

Zur besseren Lesbarkeit benutzt der Text meist die männliche Form (Trainer, Spieler), womit alle Geschlechter immer eingeschlossen gemeint sind.

1.1 Einleitung in die Reihe „Performance Coaching"

Die Reihe „Performance Coaching" unterstützt ambitionierte Amateurvereine, die ihren Nachwuchs mit ehrenamtlichen Trainern selbst entwickeln.

Die Reihe richtet sich an Personen, die im Vorstand Ergebnisverantwortung für die Nachwuchsarbeit tragen und die eigenen ersten Mannschaften mit bestmöglich ausgebildeten Spielerinnen und Spielern aus dem eigenen Nachwuchs besetzen möchten.

Ziel der Reihe ist es, den Verantwortlichen zu helfen, Nachwuchstrainer zu optimalen Leistungen zu führen. Unsere Nachwuchstrainer sollen die bestmöglichen Nachwuchsspieler entwickeln.

Der vorliegende erste Band der Reihe analysiert die problematische Ausgangslage.

Kapitel vier und nachfolgende Bände beschreiben, was Vereinsverantwortliche unterstützt und wie sie die Leistungen von ehrenamtlichen Handballtrainern verbessern können.

Zugleich versteht sich die Reihe als sportwissenschaftlicher Beitrag für mehr Performanzorientierung der Trainerausbildung im Amateurbereich des Handballsports.

1.2 Einleitung in den ersten Band

Die Mehrzahl der deutschen Handballvereine, die Kinder und Jugendliche für die eigenen ersten Mannschaften ausbilden, können sich keine hauptamtlichen Nachwuchstrainer leisten.

Trotzdem wollen ambitionierte Amateurvereine ihren Nachwuchs auch mit kleinen Budgets bestmöglich ausbilden.

Das kann erreicht werden durch:

1. Verbesserung der Trainerperformanzen

2. Implementierung einer für Nachwuchstrainer förderlichen Unterstützungskultur

3. Aufstellung der dazu passenden Organisation im Verein

In Zeiten des angeblich kriselnden Ehrenamts sind viele Verantwortliche froh, wenn ihre Nachwuchsteams überhaupt jemand haben, der Woche für Woche in der Halle irgendein Training anbietet.

Da klingt die Forderung nach mehr Qualität, Schaffung der dafür nötigen Unterstützungskultur und Strukturen manchem vielleicht nach überflüssiger Belastung der Funktionäre.

Was soll man nicht noch alles tun!

Doch die Professionalisierung schreitet in allen Lebensbereichen voran. Wer im heutigen Niveau seiner Vereinsarbeit stehenbleibt, wird erst überholt und dann abgehängt.

Gerade unterhalb professioneller Hauptamtlichkeit ist die Optimierung der Trainerleistungen wichtig, um gegenüber anderen Vereinen mit vergleichbarem finanziellen Aufwand im Wettbewerb Vorteile zu erzielen und bestehen zu können.

Werfen wir einen Blick darauf, wer alles mannschaftsverantwortlich im Spielbericht auftaucht, so sind es häufig Spieler älterer Jugendteams oder aus dem Erwachsenenbereich. Nicht selten treffen wir Eltern mit und ohne eigener Spielerfahrung auf der Trainerbank an. Natürlich gibt es unter den Nachwuchstrainern auch alte Hasen, ihre Zahl reicht aber meist für die Besetzung aller Nachwuchsteams eines Vereins nicht aus.

Vereine haben also strukturell regelmäßig Lücken, die mit Neulingen besetzt werden.

Umzug zum Studium, Berufsstart, Abgang in den Erwachsenenbereich oder das Herauswachsen der eigenen Kinder aus dem Jugendbereich führen zu einer Fluktuation unter den Nachwuchstrainern.

Regelmäßig stehen deshalb Trainer-Anfänger vor unserem Nachwuchs.

Motivierte, begeisterte, engagierte Personen, aber Anfänger in ihrer Aufgabe.

Weil Meister nicht vom Himmel fallen, haben Trainer-Anfänger immer ein Qualitätsproblem.

Das gilt auch für Nachwuchstrainer, die als Spieler selbst lange in den höchsten Ligen unterwegs waren: sie haben zwar ausführliches Wissen darüber, wie das Zielspiel der Erwachsenen und die Techniken dafür aussehen sollen, aber Wissen ist nicht Vermitteln-Können und die eigene Spielerfahrung macht kein differenziertes Nachwuchstraining.

Die mit den Jahrzehnten immer weiter ausdifferenzierte Rahmentrainingskonzeption des Deutschen Handballbundes – ein Meilenstein für die entwicklungsbezogene Aufstellung der Nachwuchs-arbeit im Handballsport – stellt fest, dass die einzelnen Altersklassen spezifische Ansprüche an die Trainingsgestaltung haben (vgl. www.dhb-rtk.de).

Spieler brauchen in der E-Jugend ein E-Jugendtraining, in der D-Jugend ein D-Jugend-training usw., d.h. in jeder Altersklasse von Minis bis A-Jugend und im Anschluss braucht es ein anderes Training.

Die Verschiedenheit der Altersklassen erhöht den Anspruch an die inhaltlich und trainingsmethodisch differenzierte Unterstützung der Nachwuchstrainer durch den Verein.

Fluktuation und differenzierte Anforderungen verlangen vom Vereinsvorstand, im Sinne einer Qualitätssicherung aktiv zu sein.

Es ist eine Herausforderung, Neulinge in der Traineraufgabe schnell und vollständig in die Lage zu versetzen, unsere Kinder und Jugendlichen alters- bzw. entwicklungsgemäß sehr gut zu trainieren und zu betreuen.

Darüber hinaus ist es eine zweite Herausforderung, bereits fortgeschrittene Nachwuchstrainer weiterzubilden und zu binden.

Sehr gute Trainer aber bieten sehr gutes Training und machen den Unterschied aus, denn schlechtes Training entwickelt die Spieler nicht bestmöglich!

Für die Sicherung der Wettbewerbsfähigkeit der Erwachsenen sind die bestmögliche Qualität unserer Nachwuchsspieler sowie deren Bindung und Motivation wichtige Voraussetzungen.

Die Aus- und Weiterbildung von nicht-hauptamtlichen Nachwuchstrainern ist für uns daher eine strategische Führungsaufgabe.

Diese Führungsaufgabe sollte deshalb auf Vorstandsebene angesiedelt sein und das Optimum anstreben.

Das Optimum ist das maximal Machbare im Rahmen der verfügbaren Möglichkeiten.

Zu beobachten ist, dass immer mehr Vereine den C-Lizenz-Erwerb ihrer ehrenamtlichen Nachwuchstrainer vollständig finanzieren.

Um gute Trainer zu entwickeln reicht es aber nicht, nach dem Gießkannenprinzip allen Interessierten eine C-Lizenz oder modulweise Teile davon zu finanzieren.

Funktionäre, die die bestmögliche Ausbildung ihrer Nachwuchsspieler allein über ihr Budget abbilden, erzielen kein optimales Ergebnis.

Warum?

Weil die C-Lizenz des Deutschen Handballbundes keine guten Trainer macht.

Das zeigt das nächste Kapitel.

2 Warum die C-Lizenz keine guten Trainer macht

Wer provokant behauptet, dass der C-Lizenz-Erwerb keine guten Trainer macht, muss sagen, was er unter einem *guten* Trainer versteht und die Behauptung anschließend auch beweisen.

Dies erledigt der nachfolgende Text in zwei Abschnitten:

- Kapitel 2.1 legt mit Hilfe eines vereinfachten Modells dar, was ein guter Trainer ist.

- Kapitel 2.2 zeigt, dass die derzeitige Aufstellung der C-Lizenz-Ausbildung des Deutschen Handballbundes nicht sicherstellt, dass C-Lizenz-Inhaber aufgrund ihres Lizenzerwerbs gute Trainer sind.

Der Text nimmt lizenzierte ehrenamtliche Nachwuchstrainer von der Kritik aus: sie können trotz ihrer C-Lizenz gute Trainerinnen und Trainer sein.

Sie können sogar durch die C-Lizenz-Ausbildung ihre Kompetenzen vertieft und erweitert und ihre Performanzen verbessert haben.

Die Ursache liegt in diesen Fällen aber eher nicht in Didaktik, Methodik oder Architektur der C-Lizenz-Ausbildung, sondern unabhängig von der Ausbildung in der Person der C-Trainerinnen und C-Trainer.

2.1 Der gute Trainer

Die vom Spieler abgerufene Trainings- und Wettkampfleistung nennen wir *Spielerperformanz*.

Performanz ist Handeln und zeigt sich als beobachtbares Verhalten in der Halle. Im Handball vor allem als Laufen, Springen, Werfen, Ball erobern; je Spieler in qualitativ verschiedenen Ausführungen.

Welche Leistung ein Spieler auf der Platte abzurufen in der Lage ist, hängt von seinem Wissen und seinem Können ab.

Das erlernbare Wissen und Können eines Spielers zur Lösung von Spielsituationen nennen wir *Spielerkompetenz* (vgl. Klieme/Hartig 2007, Seite 14).

Die Kompetenz ist ein limitierender Faktor der Performanz: geringe Spielerkompetenz führt zu geringen Spielerperformanzen – wer wenig kann, wie soll der technisch-taktisch Herausragendes leisten?

Der Wirkungszusammenhang im Bild:

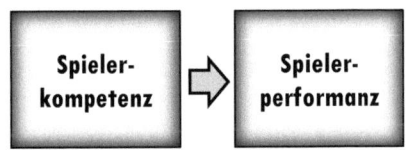

Abbildung 1 Die Wirkung von Spielerkompetenz auf die Spielerperformanz (vereinfachte Darstellung)

Jeder weiß, dass kompetente Spieler manchmal schlechte Leistungen abliefern. Das liegt daran, dass die Spielerkompetenz nicht der einzige Einflussfaktor auf die Spielerperformanz ist.

Deshalb ist die obenstehende Abbildung eine vereinfachte Darstellung, die aber für eine Erläuterung an dieser Stelle reicht.

Welche *Performanz* ein *Trainer* abzuliefern in der Lage ist, hängt unter anderem von seinem Wissen und seinem Können ab.

Das erlernbare Wissen und Können des Trainers nennen wir *Trainerkompetenz*.

Der Wirkungszusammenhang im Bild:

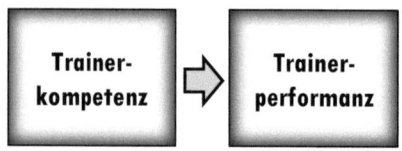

Abbildung 2 Die Wirkung von Trainerkompetenz auf die Trainerperformanz (vereinfachte Darstellung)

Nachwuchstrainern wird Einfluss auf die Spielerkompetenz zugeschrieben.

Sonst gäbe es keine Nachwuchstrainerstellen, nicht ehrenamtlich, schon gar nicht hauptamtlich.

Ehe Spieler zum Ende ihrer Jugendzeit in den Aktivenbereich wechseln, sind es die über Jahre addierten Nachwuchstrainerperformanzen, mit deren Hilfe die Nachwuchsspieler ihre Spielerkompetenzen aufbauen, vermehren und vergrößern.

Der Gesamtzusammenhang im Bild:

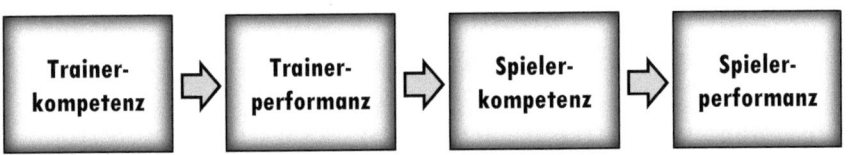

Abbildung 3 Die Wirkungskette Trainerkompetenz – Spielerperformanz (vereinfachte Darstellung)

Die Trainerkompetenz ist ein limitierender Faktor der Trainerperformanz, und geringe Trainerperformanzen erzeugen keine großen Spielerkompetenzen.

Vereine, die ihre Nachwuchsspieler bestmöglich ausbilden möchten, sind also an guten Trainerperformanzen interessiert, wofür gute Trainerkompetenzen eine unerlässliche Voraussetzung sind.

Ein guter Trainer liefert also gute Trainerperformanzen und verfügt dafür in mindestens ausreichender Qualität über alle nötigen Trainerkompetenzen.

2.2 Warum die C-Lizenz keine guten Trainer macht

Der zweite Abschnitt erläutert folgende Gründe, warum der Erwerb der C-Lizenz des Deutschen Handballbundes keine guten Trainer macht:

- die C-Lizenz-Ausbildung des Deutschen Handballbundes ist nicht an einem fundierten „Kompetenzprofil Handball-trainer" orientiert aufgebaut

- die C-Lizenz-Ausbildung des Deutschen Handballbundes ist nicht Performanz orientiert aufgebaut

Um die Erläuterungen verständlich zu machen, wird zunächst die C-Lizenz-Ausbildung beschrieben. Dann werden die nötigen theoretischen Begriffe beleuchtet.

2.2.1 Die C-Lizenz-Ausbildung des Deutschen Handballbundes und die pädagogischen Grundlagen

2.2.1.1 Die C-Lizenz-Ausbildung des Deutschen Handballbundes

Der Deutsche Olympische Sportbund (DOSB) ist die Dachorganisation des deutschen Sports.[1]

---

[1] Vgl. www.dosb.de/ueber-uns/, abgerufen am 28.07.2019.

Zu den Mitgliedsorganisationen gehört auch der Deutsche Handballbund.[2]

In seinen „Rahmenrichtlinien für Qualifizierung im Bereich des Deutschen Sportbundes" aus dem Jahr 2005[3] legt der DOSB „gemeinsam mit seinen Mitgliedsorganisationen die Qualitätskriterien für Ausbildung" als zentrale Zielsetzungen fest.

„Die Rahmenrichtlinien

- geben für alle zu Bildungs- und Qualifizierungsprozessen im Lizenzsystem ... Beteiligten die verbindlich gültigen Orientierungsdaten vor.

- ...

- sind Ausdruck des Anspruchs, die Organisationsentwicklung im organisierten Sport durch eine konsequente Personalentwicklung zu verstetigen

- legen Maßstäbe für Ausbildungsziele und -inhalte fest..." (DSB 2005, Seite 6)

---

[2] Vgl. www.dosb.de/ueber-uns/mitgliedsorganisationen/spitzenverbaende/?Spitzenverbände=, abgerufen am 28.07.2019.
[3] Vgl. https://wissensnetz.dosb.de/posts/1785, abgerufen am 28.07.2019. Die Rahmenrichtlinien stammen noch aus der Zeit vor Fusionierung von DSB und NOK zum DOSB am 20. Mai 2006.

Daneben haben die Rahmenrichtlinien unter anderem folgenden inhaltlichen Schwerpunkt:

- „Berücksichtigung von Aspekten der Personalentwicklung" (DSB 2005, Seite 6)

Im Kapitel „Zukunftssicherung des organisierten Sports" heißt es zur Personalentwicklung:

> „Das Konzept der Personalentwicklung stellt die angepasste Qualifizierung der Mitarbeiterinnen und Mitarbeiter in den Mittelpunkt ... Personalentwicklung umfasst sämtliche Maßnahmen, die geeignet sind, Handlungskompetenz der Mitarbeiterinnen und Mitarbeiter zu fördern und weiterzuentwickeln" (DSB 2005, Seite 11).

Im Kapitel „Bildung im Sport – Bildung durch Sport" ist hinsichtlich der Umsetzung herauszuheben:

> „Bildung vollzieht sich immer in der Auseinandersetzung des Menschen mit seiner Lebensumwelt. ... Man kann nicht gebildet werden, sondern sich nur selbst bilden" (DSB 2005, Seite 12).

In den didaktisch-methodischen Grundsätzen zur Gestaltung von Qualifizierungsmaßnahmen heißt es weiterhin:

„Erlebnisse in Bildungsprozessen können durch gezielte Reflexionen zu individuellen Erfahrungen werden ... Am schnellsten und nachhaltigsten wird dabei durch Selbsttätigkeit gelernt („learning by doing"). Es gilt also, im Rahmen der Ausbildung regelmäßig Situationen zu schaffen, in denen die Teilnehmenden möglichst viel selbst gestalten und ausprobieren können. Dies bezieht sich sowohl auf die Arbeitsweisen im Lehrgang (z. B. Kleingruppenarbeit, Unterrichtsversuche, selbstständige Ausarbeitung von Themen/ „selbst organisierte Lerneinheiten") als auch auf das Ausprobieren und Umsetzen des Gelernten im Verein (z. B. durch „Hausaufgaben", Erprobungsaufträge, Vereinslehrproben und -projekte). ...

Bildung ist ein reflexiver Prozess. Deshalb muss das permanente Reflektieren von Erlebnissen und Erfahrungen, Fähigkeiten und Kenntnissen auf die eigene Person zum Arbeitsprinzip werden." (DSB 2005, Seite 16f).

Das sind also die Vorgaben des DOSB: Handlungsorientierung und als methodisches Arbeitsprinzip permanentes Reflektieren, um aus Erfahrungen und Wissen Kompetenzen zu machen. Doch was verbirgt sich konkret hinter diesen Begriffen?

2.2.1.2 Didaktische Grundlagen

Handlungskompetenz ist sehr abstrakt.

Handlungskompetenz wird zur beruflichen Handlungskompetenz durch Bezugnahme auf einen Beruf.

Ein allgemeinerer Begriff für Beruf ist Domäne.

Berufliche Handlungskompetenz ist domänen-spezifisch (vgl. Klieme und Leutner 2006, Seite 879, zitiert nach Fleischer et al. 2013, Seite 6).

Das bedeutet, dass „Kompetenzen ... auf bestimmte Kontexte beziehungsweise Anforderungssituationen bezogen" sind (Fleischer et al. 2013, Seite 6f).

Ein General der Luftwaffe braucht andere Kompetenzen als ein Schreinermeister, um in seiner Tätigkeit erfolgreich sein zu können.

Unser Kontext ist der ambitionierte Amateur-Handballsport. Die Anforderungssituationen sind die vielen und vielfältigen Situationen in Training und Wettkampf in der Nachwuchsentwicklung.

Unsere Domäne ist also die Trainertätigkeit im Kinder- und Jugendhandball.

In ihrem Aufsatz über die Wurzeln des Kompetenzbegriffs halten Klieme und Hartig die große

Bedeutung der beruflichen Handlungskompetenz für die Ausbildung fest:

> „Das Konzept der beruflichen Handlungskompetenz stellt heute ein wesentliches Fundament der Berufs- und Wirtschaftspädagogik dar" (Klieme / Hartig 2007, Seite 12).

Orientieren wir uns an anerkannten Experten für Handlungskompetenz in Ausbildungen.

Das Bundesinstitut für Berufsbildung (BIBB)[4] als Deutschlands ordnende Instanz für die Entwicklung von Ausbildungsordnungen für Ausbildungsberufe wie etwa Sportfachleute schreibt dazu:

> „Die Handlungskompetenz wird dabei in die Dimensionen Fachkompetenz, Selbst-kompetenz und Sozialkompetenz unterteilt. Bestandteile dieser Dimensionen sind die Methodenkompetenz, die kommunikative Kompetenz und die Lernkompetenz."[5]

Der DOSB definiert Handlungskompetenz genauso, ergänzt aber „strategische Kompetenz" (DSB 2005, Seite 14), die nach meiner Meinung zur

---

[4] Vgl. www.bibb.de.
[5] Quelle:
https://www.prueferportal.org/de/prueferportal_74664.php#module74699, abgerufen am 23.3.2019.

Fachkompetenz gehört, vermutlich aber aufgrund ihrer großen Bedeutung als eigene Kompetenz herausgehoben dargestellt wird.

In bildlicher Darstellung werden die Zusammenhänge durch das BIBB wie folgt dargestellt:

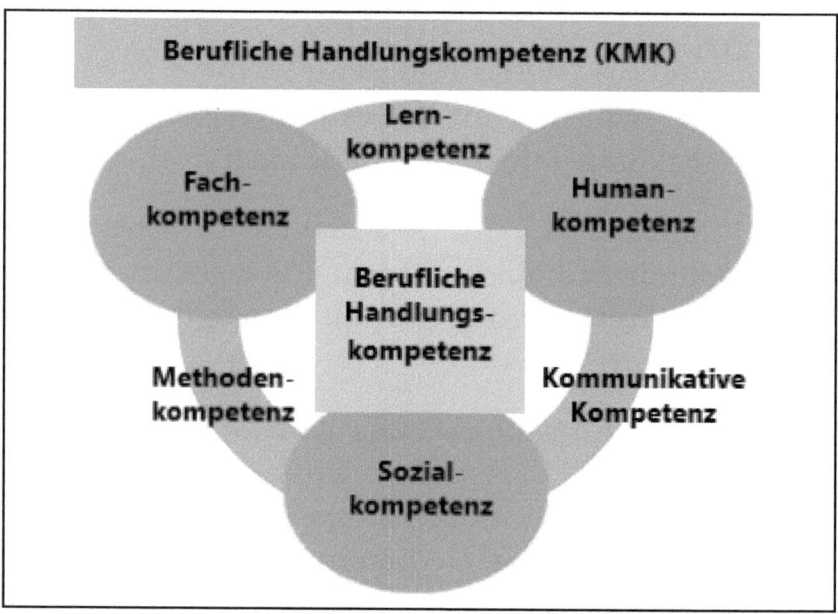

Abbildung 4 Berufliche Handlungskompetenz

Auch bezogen auf die Trainertätigkeit im Kinder- und Jugendhandball ist das Konzept der beruflichen Handlungskompetenz noch zu abstrakt, um ohne weitere Konkretisierung mit seiner Hilfe ausbilden zu können.

Wir brauchen ein konkretes Kompetenzprofil, um mit Maßnahmen der Personalentwicklung den Aufbau und die qualitative Verbesserung einzelner Trainerkompetenzen differenziert ansteuern zu können.

Berufliche Handlungskompetenz ist situiert, d.h. sie ist an eine Situation geknüpft (vgl. Scharnhorst 2009, S. 5ff).

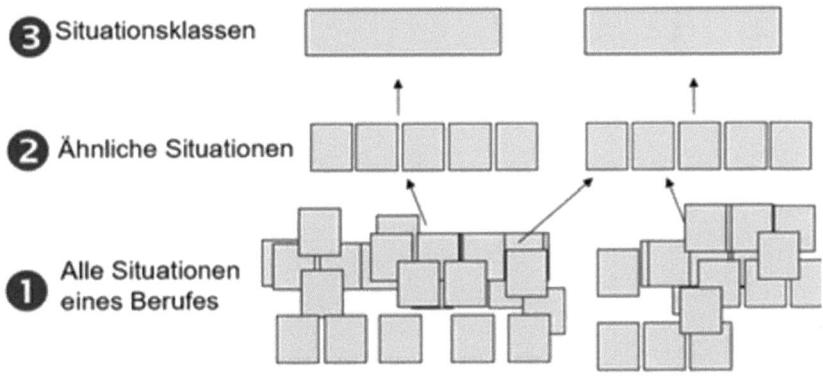

Abbildung 5 Erfassung und Verdichtung beruflicher Handlungssituationen zu Klassen

Zur weiteren Konkretisierung erstellen wir eine Liste aller Handlungssituationen, um das Tätigkeitsspektrum von Nachwuchstrainern im Handball vollständig abzubilden.

Dann gruppieren wir ähnliche Handlungssituationen und verdichten sie zu Situationsklassen.

Mit der Liste der Situationsklassen haben wir das Kompetenzprofil[6], das wir für eine gezielte Ausbildung brauchen.

Das „Was" der Ausbildung ist damit didaktisch hinreichend herausgearbeitet.

Die weitere Konkretisierung betrifft das „Wie", das methodische Vorgehen beim Aufbau und der Verbesserung von Kompetenzen und Performanzen.

---

[6] In der wissenschaftlichen Diskussion *Kompetenzstrukturmodell* genannt, vgl. Fleischer et al. 2013, Seite 8.

2.2.1.3 Methodische Grundlagen

Der Deutsche Handballbund (DHB 2010, Seite 10) hat erkannt,

> „dass mit dem Erwerb der C-Lizenz der Ausbildungsprozess nicht abgeschlossen ist. Die zeitliche und inhaltliche Begrenzung der Ausbildung macht eine regelmäßige Fort- und Weiterbildung notwendig (= Einheit von Aus- und Fortbildung)."

Meister fallen nicht vom Himmel.

Auch nach dem weithin bekannten Stufenmodell zur Entwicklung von Expertise von Dreyfus & Dreyfus (1986) ist eine kontinuierliche (Weiter-) Entwicklung angeraten.

Demnach entwickelt der Neutrainer Expertise in fünf aufeinander folgenden Stufen:

1. Neuling

2. Fortgeschrittene Anfänger

3. Kompetenz

4. Gewandtheit

5. Expertentum

Auf welche Stufe kann man Teilnehmer im Rahmen einer C-Lizenz-Ausbildung bringen? Gibt es ein erreichbares Mindestniveau? Sollte es das geben?

Betrachten wir die Tätigkeiten von Trainern und angehenden Sportlehrern, sind Übereinstimmungen feststellbar.

Baumgartner (2017) schlägt für angehende Sportlehrer vor,

> „die Absolventen in der Ausbildung an die Stufe der fortgeschrittenen Anfänger" heranzuführen (Baumgartner 2017, Seite 103).

Er weist zudem darauf hin,

> „dass Berufserfahrung den Kompetenzfortschritt nicht per se ermöglicht, sondern eine Verbesserung der Lehrerkompetenzen gezielt angesteuert werden muss" (Baumgartner 2017, Seite 103).

Die wichtigste Methode für eine gezielte Ansteuerung ist die systematische Reflexion des eigenen Trainer-Verhaltens.

Erinnern wir uns an die oben zitierten didaktisch-methodischen Grundsätze zur Gestaltung von Qualifizierungsmaßnahmen des DOSB.

Qualifizierungsmaßnahmen von Trainern sollen so konstruiert sein, dass sie

- Gelegenheit zur Auseinandersetzung des Menschen mit seiner Lebensumwelt bieten,

- Erlebnisse durch gezielte Reflexion zu Erfahrungen werden lässt,

- Situationen bereithält, in denen man (sich) selbst ausprobiert,

- die Lernorte Lehrgang und Verein sinnvoll miteinander verbinden,

- durch Methoden gezielter Reflexion über die Ausbildung hinaus ein permanentes Arbeitsprinzip darstellen (vgl. DSB 2005).

Wie geht gezielte Reflexion? Wie können C-Lizenz-Teilnehmer das so lernen, dass sie es nach dem Lehrgang – ohne weitere Unterstützung – als permanentes Arbeitsprinzip nutzen können?

Grundlage der C-Lizenz-Ausbildung ist das Referenten-Handbuch C-Trainer-Ausbildung (vgl. DHB 2010).

Dort finden wir Handlungsorientierung als Ziel der Ausbildung angestrebt:

„Im Mittelpunkt ... müssen persönliche, kommunikative, fachliche, methodische und soziale Kompetenzen stehen" (DHB 2010, Seite 8),

die durch einen „angemessenen Methoden- und Medieneinsatz" (DHB 2010, Seite 9) in der Ausbildung abgesichert sein soll.

Dann wird es eindeutig:

- „Vorbereitung, Durchführung und Nachbetrachtung von altersgerechten Trainingsstunden

- Grundkenntnisse über Lehr-, Lern- und Trainingsmethoden, methodische Grundprinzipien im Training anwenden

- Kenntnisse über altersgerechte Techniken, deren methodische Erarbeitung

- Anwendung eines methodischen Handwerkszeugs (z.B. Fehler erkennen und korrigieren, Beobachten/Steuern von Spielen, Wettkämpfen und Übungen)

- Effektive und abwechslungsreiche Organisation von Trainingsformen besonders bei großen Gruppen in begrenzten Räumen

- Kreative Gestaltung und Organisation von Vielseitigkeitstrainings vor allem mit Kindern" (DHB 2010, Seite 15)

Allerdings fragt man sich, warum

„die methodische Vermittlung der Grundtechniken und die individuelle Angriffs- und Abwehrschulung" (DHB 2010, Seite 13)

inhaltlicher Schwerpunkt der C-Lizenz-Ausbildung ist, statt der Vermittlung des Vermitteln-Könnens.

Zeichnet einen guten Nachwuchstrainer aus, dass er die Grundtechniken kann oder dass er die Grundtechniken vermitteln kann?

„Ergänzend erwerben Trainer das notwendige methodische Handwerkszeug" (DHB 2010, Seite 13).

Darf der Kern des Vermitteln-Könnens, das methodische Handwerkszeug, nur Ergänzung sein?

Die Wichtigkeit der Reflexion wird auch unter der Unterschrift „Durchführungsqualität", „Didaktische Motivierung" (DHB 2010, Seite 24) aufgelistet, ohne allerdings zu verraten, wie Reflexion funktioniert.

Vom Kapitel „1.7 Didaktisch-methodische Grundsätze zur Gestaltung der C-Trainer-Ausbildung" erwartet man Erhellung.

Dort steht:

> „Wichtig: Kompetenzen kann man den Teilnehmern nicht vermitteln, man kann ihnen nur helfen, sich auf der Grundlage des vermittelten Wissens und Könnens und der Reflexion des eigenen Handelns solche Kompetenzen selbst anzueignen. Die genannten Kompetenzbereiche bilden ein Ganzes und bedingen sich wechselseitig. Um solche Prozesse in der Ausbildung zu forcieren, muss sich die Gestaltung der C-Trainer-Ausbildung an ganz zentralen didaktischen und methodischen Grundsätzen orientieren" (DHB 2010, Seite 26).

Bei der darauffolgenden Beschreibung der sieben Grundsätze wirft Grundsatz vier „Ganzheitliche Vermittlung von Inhalten" die Frage auf, ob es darum geht, dass die Lizenzanwärter Handball spielen lernen.

Diesbezüglich ist auch „learning by doing" in Grundsatz fünf (DHB 2010, Seite 28) zu hinterfragen: Worauf bezieht der DHB das „doing" – darauf, dass Lehrgangsteilnehmer technisch-taktische Inhalte üben oder darauf, dass angehende Trainer üben, technisch-taktische Inhalte zu vermitteln?

Auch beim Grundsatz sechs, „Offene, prozesshafte Lehrgangsplanung" (DHB 2010, Seite 29) bleiben Kriterien für systematisches Reflektieren im Dunkeln.

Fehlende Kriterien machen auch den Praxistipp (DHB 2010, Seite 28), als Hausaufgabe „Erfahrungsberichte über die Anwendung gelernter Themen" aus dem eigenen Vereinstraining anzufertigen, im Ergebnis vom Zufall abhängig, nämlich davon, welche inneren Reflexionskriterien der C-Lizenz-Anwärter anwendet.

Falls es die falschen Kriterien oder keine sind, heißt das Reflexionsergebnis vielleicht: Mein Training war schön. Oder: Mein Training war gut. Entwickelt das?

Zudem werden Hausaufgaben als ein optionaler, randständiger Lehrgangsbestandteil beschrieben.

Im Kapitel „Lehr- und Lernmethoden" (DHB 2010, Seite 30) wird noch deutlicher, dass im Zentrum der C-Lizenz-Ausbildung die Wissensvermittlung und das aktive Lernen von Wissen im Vordergrund stehen.

Dort heißt es: „Entscheidend ist das Lernen der Teilnehmer" statt *Entscheidend ist die Performanz der Teilnehmer als Trainer und deren Reflexionsfähigkeit zur kontinuierlichen Verbesserung ihr eigenen Trainerperformanzen.*

Zum „Rollenverständnis des Lehrenden" heißt es: „In der Ausbildung soll das Kernwissen überwiegen"

(DHB 2010, Seite 33). Auch hier keine Orientierung an Performanz, nicht einmal an Kompetenz. Das gesamte Kapitel 2, „Lehr- und Lernmethoden" – immerhin 30 Seiten – enthält nur eine Performanz orientierte Methode: zwei Seiten (58f) zur „Lehrübung".

Zwanzig wichtige und informative Seiten beschäftigen sich mit dem aktiven Lernen und der Wissensvermittlung im Seminarraum, fünf hilfreiche Seiten mit Lehr- und Lernmethoden für die Praxis (DHB 2010, Seite 55ff).

Obwohl Lehrübungen

> „speziell bei Traineranfängern nicht hoch genug eingeschätzt werden"

können (DHB 2010, Seite 59) und

> „Gelerntes tatsächlich selbst anzuwenden ... immer die effektivste Lernform"

ist, finden sich zu der Methode nur zwei Seiten.

Wie schmecken zwei Prisen Salz auf 30 Liter Suppe?

Fassen wir das im Referenten-Handbuch C-Trainer Ausbildung dargelegte Missverhältnis der vom DHB empfohlenen Methoden der C-Lizenz-Ausbildung des Referenten-Handbuchs zusammen:

- Die Methodendarstellung ist qualitativ unzureichend – es fehlen Kriterien, wie das eigene Trainerverhalten entwicklungsförderlich reflektiert werden kann

- Die Methodendarstellung hat eine quantitative Unwucht – das Referenten-Handbuch rückt die Wissensvermittlung im Seminarraum in den Vordergrund, statt die Verbesserung von Trainerperformanzen.

Die Vermutung liegt nahe, dass das Missverhältnis von zu viel Wissensvermittlung und zu wenig Verbesserung von Trainerperformanzen, wie es im Referenten-Handbuch dargestellt ist, in der Praxis der C-Lizenz-Ausbildung abgebildet ist. Zudem bezieht sich ein Teil des „doings" im *learning by doing* auf Vermittlung von Technik und Taktik an die Teilnehmer, nicht auf das Lernen und Üben des Vermitteln-Könnens.

Dies ist zunächst eine Hypothese, die empirisch nicht bewiesen ist. Sie darf allerdings gelten, bis sie (empirisch) widerlegt ist.

Das fehlende „Wie" der Ausbildung ist damit hinreichend herausgearbeitet.

Nun kennen wir die Grundlagen, warum die C-Lizenz-Ausbildung keine guten Trainer macht. Die folgenden beiden Kapitel begründen das zusammenfassend.

2.2.2 Die lückenhafte Kompetenzorientierung

Die Kompetenzorientierung der C-Trainer-Ausbildung des Deutschen Handballbundes ist lückenhaft.

Es fehlt an einer domänenspezifischen Konkretisierung von Handlungskompetenz, erkennbar am fehlenden verschriftlichten Trainerkompetenzprofil. Die Liste von Kompetenzen (DHB 2010, Seite 15, vgl. diesen Text Seite 32f) ist eine unsystematische Experteneinschätzung, von der unklar ist, ob sie vollständig ist und wie sie in der Ausbildung gewichtet wird.

Wissenschaftlich gesprochen liegt der C-Lizenz-Ausbildung kein expliziertes Kompetenzstrukturmodell zugrunde.

2.2.3 Die mangelhafte Performanzorientierung

Die Performanzorientierung der C-Trainer-Ausbildung des Deutschen Handballbundes ist nicht ausreichend.

Es fehlt an einer methodischen Konkretisierung, wie Handlungskompetenz an Kinder- und Jugendtrainer vermittelt werden soll, erkennbar an der zu wenig konkretisierten Nutzung reflexiver Instrumente und dem Missverhältnis zwischen Wissensvermittlung und praktischer Lehrübung.

Wissenschaftlich gesprochen liegt der C-Lizenz-Ausbildung kein explizites Kompetenz-entwicklungsmodell zugrunde, das Mindeststandards der Trainerperformanzen als Ausbildungsziel nennt und anstrebt.

Architektonisch fehlt der C-Lizenz-Ausbildung außerdem eine Performanz orientierte pädagogische Signatur.[7]

---

[7] Dies weiter auszuführen würde den Rahmen dieses Bandes sprengen. Vgl. dazu Baumgartner 2017, Kapitel 5.3.

3 Die Rolle von Wissen für Kompetenz und Performanz – Exkurs

Eine bestimmte Kompetenz und ihre Performanz zeigt sich darin, dass eine Person eine bestimmte Klasse von Situationen angemessen bewältigt und dabei bestimmte Ressourcen mobilisiert, z.B. Fachwissen, Fähigkeiten, Haltungen/Wertmotive, aber auch externe Ressourcen wie Werkzeuge (z.B. Hütchen, Leibchen, Taktikboard, vgl. Scharnhorst 2009).

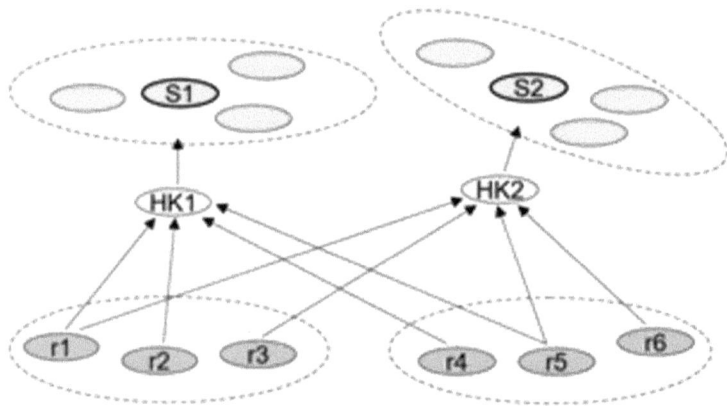

Abbildung 6 Handlungskompetenzen (HK), Ressourcen (r)
und Situationen (S)

Schauen wir hier genauer auf die Rolle von Wissen im kompetenten Handeln: nach Kompetenzen differenzierte Wissensbestände (z.B. Kenntnis typischer Fehler bei der richtigen Ausführung eines Schlagwurfes) sind eine wichtige Voraussetzung für kompetentes Trainerhandeln (hier z.B. das Aussprechen einer lern- oder leistungsförderlichen

Bewegungskorrektur, gute Trainerperformanz), Kompetenz ist aber mehr als Wissen.

Anders gesagt: Wissen allein macht nicht kompetent!

Aber auch: Kompetenz (z.B. das Aussprechen-Können einer Bewegungskorrektur) ohne korrektes Wissen ergibt eine Performanz von geringer Qualität (z.B. falsches Korrigieren bzw. Fehler von Spielern werden aus Unwissen gar nicht korrigiert). Solche Trainer machen die Spieler nicht besser.

4 Empfehlung für Vereinsverantwortliche

Wir verstehen jetzt, warum Neulinge in der Traineraufgabe Unterstützung benötigen, die über die Finanzierung einer C-Lizenz hinausgeht.

Eine Unterstützung ist es, bei Nachwuchstrainern die nötigen Ressourcen auf- bzw. auszubauen (vgl. Abbildung 6). Hierbei können die C-Lizenz oder Module davon je nach individuellen Vorkenntnissen nützlich sein. Aber auch vereinsinterne Veranstaltungen, z.B. durch erfahrene Trainer helfen. Auch Hospitationen und eine Vereinsbibliothek mit Übungen können nützlich sein.

Eine andere Unterstützung ist es, Erfahrungen in relevanten Situationen (vgl. Abbildung 6) zu ermöglichen und darauf basierend die Reflexionsfähigkeit der Trainerneulinge durch regelmäßige Gesprächsangebote zu fördern. Dies können auch Trainerinnen und Trainer erster Mannschaften des Vereins oder andere erfahrene Trainer als Zusatzaufgabe übernehmen.

Trainerneulinge brauchen Zeit für Entwicklung. Am Anfang kann man sich nicht in allen Themen zugleich intensiv entwickeln, das überfordert.

Weitere differenzierende Hinweise sind Inhalt der folgenden Bände dieser Reihe.

5 Empfehlung für Lehrgangsverantwortliche

Ich empfehle:

- die Planung eines C-Lizenz-Lehrgangs durch Anwendung der Methode des „flipped classroom" einmal auf den Kopf zu stellen

- eine solche Planung einmal umzusetzen (Pilotierung)

- dabei die Performanzen der Lehrgangsteilnehmer als Trainer gegenüber der bisher überbetonten Rolle der Wissensvermittlung auch zeitlich in den Vordergrund zu rücken

- mit den Teilnehmern über deren Performanzen zu reflektieren

- dabei die Lehrgangsteilnehmer ein individuelles Portfolio über ihre Entwicklung führen zu lassen

und anschließend anhand einer inhaltsanalytischen Auswertung der Portfolios zu bewerten, ob ein solcher C-Lizenz-Lehrgang *gute* Trainer (vgl. Seite 19) produziert und ob die Methoden gezielter Reflexion im Lehrgang so etabliert wurden, dass die Absolventen im Lehrgang Reflexion als permanentes Arbeitsprinzip automatisieren konnten.

Literatur

Baumgartner 2017

Matthias Baumgartner: Performanzentwicklung in der Ausbildung von Lehrkräften. Eine Interventionsstudie zur Verbesserung des Feedbacks bei angehenden Sportlehrkräften. Münster: Waxmann 2017.

DHB 2010

Deutscher Handballbund: Referenten-Handbuch C-Trainer Ausbildung. Organisatorischer und methodischer Leitfaden zur Lehrgangsdurchführung. Münster: Philippka-Sportverlag 2010.

Dreyfus & Dreyfus 1986:

Dreyfus, H.L. & Dreyfus, S.E.: Mind over machine. The power of human intuition and expertise in the era of the computer. New York: The Free Press 1986.

DSB 2005

Deutscher Sportbund: Rahmenrichtlinien für die Qualifizierung im Bereich des Deutschen Sportbundes. Frankfurt a. M.: Deutscher Sportbund, 2005.

Fleischer et al. 2013

Jens Fleischer, Karoline Koeppen, Martina Kenk, Eckhard Klieme, Detlev Leutner: Kompetenzmodellierung: Struktur, Konzepte und Forschungszugänge des DFG-Schwerpunktprogramms. In: Zeitschrift für Erziehungswissenschaft 16 (2013), Seiten 5-22.

Klieme/Hartig 2007

Kompetenzkonzepte in den Sozialwissenschaften und im erziehungswissenschaftlichen Diskurs. In: Zeitschrift für Erziehungswissenschaft. 8.Sonderheft, S. 11-29.

Scharnhorst 2009

Ursula Scharnhorst: Kompetenzorientierte Bildungsverordnungen. Entwicklungstagung BIBB-EHB, 6.-7. Mai 2009, Bonn, Seite 5ff https://www.bibb.de/dokumente/pdf/a12pr_veranstaltu ng_kompetenzorientierte_berufsbildung_scharnhorst.pdf (Download am 3.12.2017)

Abbildungen

Abbildung 1 – Die Wirkung von Spielerkompetenz auf die Spielerperformanz (vereinfachte Darstellung)

Abbildung 2 – Die Wirkung von Trainerkompetenz auf die Trainerperformanz (vereinfachte Darstellung)

Abbildung 3 – Die Wirkungskette Trainerkompetenz – Spielerperformanz (vereinfachte Darstellung)

Abbildung 4 – Berufliche Handlungskompetenz

Abbildung 5 – Erfassung und Verdichtung beruflicher Handlungssituationen zu Klassen

Abbildung 6 – Handlungskompetenzen (HK), Ressourcen (r) und Situationen (S)

Quellen

Abbildungen 1, 2, 3 – eigene Darstellung.

Abbildung 4 – M.B., Bornheim. Original: BIBB.

Abbildung 5, 6 – M.B., Bornheim. Original: Scharnhorst 2009.

Über den Autor

Oliver Braun studierte Sportwissenschaften mit den Schwerpunkten Handball, Gymnastik und Sportpublizistik an der Deutschen Sporthochschule Köln mit Abschluss als Diplom-Sportlehrer.

Hauptberuflich lange Zeit bei berufsbildenden Verlagen beschäftigt arbeitet er aktuell im Bereich Digital Learning der Personalabteilung eines führenden Lebensmittelproduzenten.

Seit 1988 Erfahrungen als Übungsleiter Kinderturnen und langjähriger Vereinstrainer im Kinder- und Jugendhandball, wurde er unter Erik Wudtke im HVM Trainer des D1-Kaders, ehe er erfolgreich in den mittelklassigen Aktivenbereich wechselte. Nebenberuflich fünf Jahre Co-Leiter eines Micro-Fitnessstudios. Handball C-Lizenz 2014, Handball B-Lizenz 2018.

Kontakt

Oliver Braun

braun@sportall.de